BÖRSE UND PUBLIKUM

ZWEI VORTRÄGE
GEHALTEN ALS GASTVORLESUNGEN AM 22. U. 23. MAI 1930
IN DER LUDWIG-MAXIMILIANS-UNIVERSITÄT MÜNCHEN

VON

DR. HEINRICH GÖPPERT
WIRKL. GEHEIMER RAT
ORDENTLICHER Ö. PROFESSOR DER RECHTE
AN DER UNIVERSITÄT BONN

SPRINGER-VERLAG BERLIN HEIDELBERG GMBH 1930

ISBN 978-3-662-35849-8 ISBN 978-3-662-36679-0 (eBook)
DOI 10.1007/978-3-662-36679-0
SOFTCOVER REPRINT OF THE HARDCOVER 1ST EDITION 1930

Vorwort.

Die beiden Vorlesungen waren für einen größeren Zuhörerkreis bestimmt. Ich habe für die Veröffentlichung im Druck diesen Charakter nicht geändert, in der Annahme, daß sich das Interesse für die behandelten Fragen nicht auf die Kreise der Fachgelehrten beschränkt. Indessen hoffe ich, daß auch die mit dem Rechte und den Verhältnissen der deutschen Börsen Vertrauten manches finden werden, was der Erörterung wert und vielleicht für die in Berlin in Aussicht genommene Reform der Wertpapierbörse nicht ohne Bedeutung sein dürfte.

Bonn, im Juni 1930.

Heinrich Göppert.

Inhaltsübersicht.

Früher — es ist nicht einmal sehr lange her, aber es hat sich inzwischen allerlei ereignet — da hätte man einen Vortrag über Börse mit den Worten beginnen können:

„Bewundert viel und viel gescholten, Helena.“ Das war die Zeit, in der die Börse noch ein aus der allgemeinen Unkenntnis ihres Wesens gewobener mystischer Schleier umgab, hinter dem man allerlei Dinge vermutete, die dem einen begehrenswert, weiten Kreisen aber tadelnswert oder gar verhängnisvoll erschienen; die Zeit, in der die Börsengesetzgebung noch der Kampfplatz zweier Weltanschauungen war, die sich einander ganz verständnislos gegenüberstanden; die Zeit, in der die Stellung zur Börse eine Frage der politischen Parteiprogramme war. Nichts ist bezeichnender dafür, als daß es seinerzeit eines Umschwungs unserer ganzen inneren Politik benötigte, um endlich im Jahre 1908 eine Revision des Börsengesetzes von 1896 zu ermöglichen, und auch diese Novelle von 1908 hätte sehr viel einfacher ausfallen können, wenn nicht immer wieder die Klippe hätte umsteuert werden müssen, daß eine Partei des Mehrheitsblocks ihren Wählern gegenüber auf gewisse Auffassungen festgelegt war, denen wenigstens äußerlich Rechnung getragen werden mußte. Es steckt recht viel politische Taktik in den Formulierungen dieser Novelle.

Es ist der Inflationszeit vorbehalten geblieben, breitesten Kreisen einen Anschauungsunterricht von dem Wesen wenigstens der Effektenbörse zu geben, durch den wohl der Schleier gelüftet ist. Das war die Zeit, in der das Papiergespenst der Mark sozusagen jedermann unter die schützenden Zweige des Giftbaums scheuchte, wie einmal ein berühmter preußischer Eisenbahnminister die Börse genannt hat. Das Wesen der Börsenspekulation ist es sonst, an Kursveränderungen Geld zu verdienen, und sie hat zu diesem Zweck schon seit Jahrhunderten äußerst feine Methoden ausgeklügelt. Damals aber handelte es sich nicht darum, billig einzukaufen und teurer zu verkaufen oder teuer zu verkaufen, um demnächst mit einem billigeren Einkauf die eingegangenen Lieferungsverpflichtungen zu erfüllen. Es handelte sich darum, einen Wertträger, der von Tag zu Tag, ja von Stunde zu Stunde an Tauschwert verlor, in einen Wert umzutauschen, der in diese rasende Abwärtsbewegung nicht hineingezogen war. Damals sah die Berliner Wertpapierbörse so gewaltige, wenigstens an Stückzahl gewaltige Umsätze, daß die Wertpapiere zur Erfüllung der an der Börse abgeschlossenen Käufe positiv mit Möbelwagen von Kontor zu Kontor gefahren werden mußten. Damals ist sich wohl die breite Öffentlichkeit darüber klar geworden, daß die Börse nicht der Gegenspieler des Publikums ist, sondern nur eine Vermittlungsstelle, ein Markt, an dem der Hauptkäufer und Verkäufer das Publikum selbst ist, und da die alten Parteiprogramme mit Börsenfreundlichkeit und Börsenfeindlichkeit verschwunden waren, so hat die Börse auch aufgehört der Zankapfel der politischen Parteien zu sein. Die Kaltblütigkeit, mit der der schon durch ein mehrere Jahrhunderte altes Erleben viel abgehärtetere Holländer, Franzose oder Engländer die Vorgänge an der Börse schon von jeher aufnahm, scheinen sich jetzt auch bei uns eingestellt zu haben. Man braucht heute keine Verteidigungsreden mehr für die Börse zu halten.

Aber ich kann nicht über die Börse sprechen, ohne einen Zweifel darüber zu äußern, ob nicht dieses Thema auch in anderer Hinsicht im Begriff ist, seine Aktualität einzubüßen.

Noch einmal haben unsere Wertpapierbörsen nach der Inflation großes Geschäft gesehen, als uns die durch den englischen Kohlenstreik bescherte Zufallskonjunktur und ein Borgen im Auslande, wie es die Welt in gleichem Maßstabe noch nie gesehen hatte, eine wiederbeginnende Prosperität des deutschen Wirtschaftslebens vortäuschte. Bis dann an jenem berüchtigten schwarzen Freitage der Reichsbankpräsident SCHACHT oder sagen wir vorsichtiger: der von den Banken reflektierte Schatten des Reichsbankpräsidenten SCHACHT, wie Odysseus unter die Freier unter die entsetzte Börsenspekulation trat, und damit dem vielleicht schon zu lange geduldeten Treiben ein Ende machte. Seit jenem schwarzen Freitag haben unsere Wertpapierbörsen nur noch vorübergehendes größeres Geschäft gesehen. Die Hoffnung auf eine Neubelebung der Börsenkonjunktur als Vorläuferin und Wegbereiterin einer Wirtschaftskonjunktur ist bisher getäuscht worden. Auch der neue Tributplan ist nicht, wie vielfach erwartet wurde, mit einer Jubelhausse begrüßt worden, sehr zum Mißfallen gewisser Kreise, denen eine starke Kurssteigerung der Industriewerte die willkommene Introduktion für eine Lohnbewegung gewesen wäre. Kein Wunder! Denn keine Mühle kann klappern, wenn kein Getreide wächst und kein Wind geht. Wir sind ein armes Volk mit einer armen Wirtschaft, so sehr wir uns auch gegen diese Erkenntnis oder vielmehr gegen die Realisierung dieser Erkenntnis sträuben. Auf uns lasten die gewaltigen Verluste der Inflationszeit, auf uns lasten ungeheuerliche Tribute, und auf uns lasten die Folgen jener bewußt oder unbewußt sozialistischen Wirtschaftspolitik, die wir seit elf Jahren mit kurzen Unterbrechungen über uns ergehen ließen, die die Kapitalbildung unterbunden und leider auch deutsches Kapital in das Ausland gescheucht hat; auch das Interesse des ausländischen Kapitals für deutsche Werte, aus dem die letzte Börsenkonjunktur zum großen Teil ihre Kraft zog, hat sich stark gemindert.

Das alles mag ausreichen, um das, was in den letzten drei Jahren an den deutschen Börsen vorgegangen oder vielmehr nicht vorgegangen ist, zu erklären. Aber es handelt sich mehr um die Zukunft. Die Börse ist ein spezifisches Organ der kapitalistischen Wirtschaft. In einer sozialistischen Wirtschaft, die kein Privateigentum an den Produktionsmitteln mehr kennt, die das Erfolgstreben des Einzelnen als schaffende und formende Kraft ausgeschaltet hat, die systematisch von einer Stelle aus gelenkt wird und auf Befehl funktioniert, wie der tote Schlag der Pendeluhr, in einer solchen Wirtschaft hat eine Börse keine Funktion mehr auszuüben. Als die Volksbeauftragten es als die Aufgabe des neuen Staates verkündeten, das Erfurter Programm zu verwirklichen, da schien das Ende auch der Börse gekommen zu sein. Die Totenglocken, die damals für die kapitalistische Wirtschaftsordnung und damit auch für die Börse geläutet wurden, sind zwar verstummt. Sogar auf dem Gebiet, auf dem man zu sozialisierten glaubte, auf den Gebieten der Kohlenwirtschaft und der Kaliwirtschaft sind die Werte nach wie vor Gegenstand von Börsenhandel und Börsenspekulation geblieben. Aber niemand, dessen Blick nicht nur an dem Schein haftet, sondern das Sein zu erkennen sucht, wird die Frage als ganz unberechtigt ansehen dürfen, ob die Depressionen, die wir in unserer ganzen Wirtschaft sehen, nur vorübergehende, nach längerer oder kürzerer Zeit überwindbare Störungen sind, während die Wirtschaft noch fest auf ihren bisherigen Fundamenten ruht, oder ob die vorübergehenden guten Zeiten, wie wir sie in der letzten Vergangenheit doch noch erlebt haben, und vielleicht — niemand kann es mit Gewißheit sagen — auch noch in näherer Zukunft erleben werden, nur Zuckungen einer zugrunde gehenden, in der Tiefe schon einer anderen Gestaltung weichenden Wirtschaftsordnung sind. Niemand weiß es, aber wenn man hört, wie in sozialistischen Kreisen unsere heutige Wirtschaftsordnung als ein tatsächlich schon völlig Überwundenes gilt, so wird man wirklich an die Raupe erinnert, die noch ungestört zu leben scheint und zu leben glaubt, in die aber die Schlupfwespen ihre Eier gelegt haben, und die in Wahrheit schon ganz ausgefressen ist. Sollte es den mit großer Energie, Konsequenz und Zähigkeit an der Arbeit befindlichen Mächten und ihren bewußten und unbewußten Hilfkräften gelingen, die Wasser doch zu zwingen, den Berg hinaufzulaufen, so wird eine spätere Betrachtung den Beginn, und zwar einen schon sehr weitgehenden Beginn in unsere Zeit verlegen, in der die Wasser schon stark gestaut waren, um ihren zwangsweisen, uns naturwidrig erscheinenden Lauf anzutreten. Wir wissen nicht, ob wir uns in den Augen derjenigen, die nach zehn oder zwanzig Jahren vor den

Tatsachen stehen werden, nicht heute, wie Faust an Helena an längst nicht mehr Vorhandenem ergötzen. Und wenn Mephisto zu Faust sagt:

„Versinke denn! Ich könnt auch sagen: Steige!
S'ist einerlei, entfliehe dem Entstandenen
In der Gebilde losgebundene Reiche,
Ergötze Dich am längst nicht mehr Vorhandenen."

so wissen wir nicht, ob wir heute versinken oder steigen. Für uns muß aber diese Schicksalsfrage heute einerlei sein, ihre Beantwortung gehört der Zukunft. Aber es ist dann doch wohl auch einerlei, wenn ich die Beispiele, mit denen ich meine Ausführungen erläutern will, nicht aus der unklaren Gegenwart, sondern aus der Vergangenheit entnehme, aus der mir noch das mächtige Brausen des aufgeregten Geschäftsverkehrs an der Berliner Börse in den Ohren klingt. Es muß sich dann auch von selbst ergeben, daß das Bild der Berliner Börse, an der ich mich als Staatskommissar solange zu bewegen hatte, in den Vordergrund tritt. Aber das ist auch sachlich gerechtfertigt. Nicht als ob ich die Unentbehrlichkeit und Bedeutung der anderen Börsen namentlich für den Handel in den Werten ihres engeren Wirtschaftsgebiets unterschätzte. Aber ich darf daran erinnern, daß Bismarck, so sehr er auch jeder Zentralisation Feind war, das Wort gesprochen hat:

„Definitiv können wir Wirtschaftspolitik nur für Deutschland einheitlich treiben."

Definitiv kann in einem einheitlichen Wirtschaftskörper nur ein Börsenplatz der führende sein, und es ist selbstverständlich, daß dies kraft des Schwergewichts der Dinge für den Wertpapierhandel nur der zentrale Bankplatz sein kann.

Wenn ich nun das, was über unser Thema zu sagen ist, in das Prokrustesbett einer zweistündigen Vorlesung zwängen will, so bleibt nur die Wahl, einen Überblick in gedrängtester Kürze zu geben oder über weniges eingehender zu sprechen. Kürze bedeutet aber bei einem so schillernden Wesen, wie es die Börse ist, allzuleicht Farblosigkeit. Ich wähle deshalb das letztere.

Zweimal hat sich die Reichsgesetzgebung mit der Börse speziell beschäftigt, einmal in dem Reichsbörsengesetz vom 22. Juni 1896 und dann in der Novelle zu diesem Gesetz vom 8. Mai 1908. Das Börsengesetz, das übrigens auch gesetzestechnisch für die damalige an hervorragenden Leistungen reiche Zeit ungewöhnlich schlecht ist, hat eine so leidenschaftliche Kritik über sich ergehen lassen müssen wie kaum je ein anderes Gesetz. Es lag dies nicht nur an seinem Inhalt, sondern nicht zuletzt auch an der großen Erregbarkeit der unmittelbar betroffenen Kreise, die in einer weitverbreiteten Presse einen Resonanzboden von ungemeiner Volltönigkeit besaß. Jedenfalls haben sich die Börsen mit der Zeit mit manchem abgefunden, ja sogar befeundet, das zunächst grimmig bekämpft wurde, so mit den Staatskommissaren und mit dem Eintritt von Vertretern der Landwirtschaft in die Vorstände der Produktenbörse.

Das Gesetz enthält bis auf die Bestimmung über das Börsentermingeschäft nur verwaltungsrechtliche Normen, die das Verhältnis des Staates zur Börse und die an den Börsen zu treffenden Einrichtungen behandeln. Die Börsen sind dem Gesetz Veranstaltungen, die es mit Rücksicht auf ihre große wirtschaftliche Bedeutung, aber auch auf die vor Erlaß des Gesetzes jedenfalls bewiesene Unfähigkeit, durch eigene Disziplin Mißstände zu unterdrücken, nicht sich selbst überlassen kann. Es geht ein ausgesprochen staatssozialistischer Zug durch das Gesetz — staatssozialistisch nicht im heutigen Sinne, wo der Nachdruck mehr auf dem „sozialistisch" liegt, sondern im Sinne der von BISMARCK inaugurierten Wirtschaftspolitik, die die Wirtschaft als dienendes Glied dem Staate unterwarf. Die Börsen sind zwar nicht zu staatlichen Einrichtungen gemacht, vielmehr der Eigenverwaltung der beteiligten Kreise überlassen, aber die Landesregierungen, in deren Hand die Ausführung des Gesetzes liegt, sind an den Börsen allmächtig ohne jede Rechtskontrolle. Keine Börse darf existieren ohne ihre Genehmigung. Sie können jederzeit die Börse schließen, und sie haben auch einen rechtlich unbeschränkten Einfluß auf die Gestaltung und Verwaltung der Börsen. Gesetze sind stets nur leere Formen. Es kommt darauf an, welchen Inhalt das Rechtsleben in sie gießt. So ist denn auch von diesen theoretisch so weitgehenden Befugnissen nach Überwindung der Anfangsschwierigkeiten nur ein sehr zurückhaltender Gebrauch gemacht worden, so daß die rechtliche Lage den Börsen wenig fühlbar geworden ist.

Das Börsengesetz selbst hatte bis auf die Einrichtung der Ehrengerichte für Börsenbesucher keinen neuen Gedanken in das Börsenwesen hineingetragen, sondern hatte sich, was die an den Börsen geschaffenen Einrichtungen betrifft, darauf beschränkt, Bestehendes zu bestätigen und auszugestalten. Den Landesregierungen hätte es zwar freigestanden, ihrerseits bestimmte organisatorische Gedanken durchzuführen, aber davon ist leider oder glücklicherweise — ich lasse das dahingestellt — kein Gebrauch gemacht worden. So haben die Börsen mit dieser gesetzlichen Regelung eigentlich ganz gut gelebt.

Nur in einer Hinsicht war das Gesetz von 1896 böse entgleist. Das war bei der Regelung des Börsentermingeschäfts, wo es plump eingriff, ohne zwischen wirtschaftlich Berechtigtem oder wenigstens Zweckmäßigem und Schädlichem oder Bedenklichem zu unterscheiden. Börsengesetzgebung ist meist Gelegenheitsgesetzgebung, angeregt durch irgendwelche alarmierenden Vorgänge und pflegt dann in ihrer Tendenz davon abhängig zu sein, ob jeweils die Börse mit dem Publikum oder das Publikum mit der Börse schlechte Erfahrungen gemacht hat, ob die erregte öffentliche Meinung für oder gegen die Börse Partei nimmt. Das österreichische Börsengesetz von 1875 und das französische Terminhandelsgesetz von 1885 sind aus der Börse günstiger Stimmung entsprungen. Die deutschen Börsen aber hatten das Unglück, daß die öffentliche Meinung scharf gegen sie Stellung nahm, und wie im Rückblick gesagt werden muß, nicht ohne Grund. Die Börsen, wenigstens die großen Spekulationsbörsen wurden in ihrer Sünden Maienblüte von dem Gesetze getroffen. Ich möchte nur in Kürze darauf hinweisen, daß damals die Getreideterminbörse, insbesondere die Berliner Getreidebörse, zu einem Markt für das Börsenspiel des breitesten Publikums geworden war, mit allen üblen Erscheinungen auch hinsichtlich der sich ganz von der Lage des Effektivmarktes loslösenden Preisbildung. Damals pflegte das Publikum dieser Börse, das Weizen und Roggen nicht auf dem Halm, geschweige denn als Korn unterscheiden konnte, im Frühjahr bei seinen Sonntagsausflügen mit Kennermiene die Wintersaaten zu betrachten und, wenn der Eindruck befriedigte, in Erwartung einer günstigen Ernte und damit einer Preissenkung Verkaufsaufträge an die Börse zu geben und umgekehrt. Man konnte den Erfolg dieser Lokalinspektion in den ersten Wochentagen an den eingehenden Orders spüren. Wie auch vor der Verstaatlichung der Eisenbahnen der größere oder geringere Sonntagsverkehr und die mit diesem zusammenhängenden Dividendenhoffnungen oder Befürchtungen dem spekulativen Markt in Eisenbahnaktien an den Montagen das Gepräge gab. Aus dieser Zeit der Getreidespekulation stammt der Ausspruch: „Die Börse ist gegen Witterungseinflüsse weit empfindlicher als die Saaten" und das Wort von dem Papiergetreide, in dem der Börsenhandel sich abspiele. Dazu kamen gelegentlich noch höchst frivole Preismanöver aus den Börsenkreisen selbst, die freilich meist zusammenbrachen, aber eine verheerende Wirkung auf die Preisbildung ausübten. Es war verständlich genug, daß die Landwirtschaft, die durch die Caprivischen Handelsverträge eines ausreichenden Zollschutzes gegen das Hereinströmen des ausländischen Getreides beraubt war und in dem von der Spekulation des Publikums alimentierten Terminhandel das Instrument des Importhandels sah, in diesem ganzen Treiben ein frevelhaftes Spiel mit der Frucht der Arbeit erblickte, die sie im Schweiße ihres Angesichts leistete. Sie setzte ihren ganzen politischen Einfluß durch die Konservativen und das damals noch durchaus agrarisch orientierte Zentrum ein, um angesichts des völligen Versagens einer Börsendisziplin der augenscheinlich gemißbrauchten Freiheit ein Ende zu bereiten.

Es sei mir gestattet, hier eine Anekdote einzuflechten, die zwar nicht ganz zur Sache gehört, die ich aber gern verbreiten möchte, weil ich der letzte Überlebende bin, der sie noch aus den Akten kennt. Sie stammt aus jener Zeit, in der das Preußische Handelsministerium das stolze Glück hatte, den größten Staatsmann Deutschlands, BISMARCK, an seiner Spitze zu sehen. BISMARCK leitete übrigens dieses Ministerium trotz der Zentnerlast der anderen auf ihm ruhenden Ämter mit einer bis in alle Einzelheiten dringenden Intensität, die jeden, der die Akten der damaligen Zeit liest, über die Arbeitskraft des Giganten staunen machen muß. Es war eine Beschwerde eingegangen, daß der Hafer, der an der Berliner Börse als lieferungsfähig anerkannt wurde, so minderwertig sei, daß dies natürlich auf den Preis drücken müsse. BISMARCK forderte die Kaufmannschaft zum Bericht auf. Diese berichteten, daß der Lieferungshafer keineswegs minderwertig sei, was sich schon daraus ergebe, daß die Pferde in den Betrieben der Ältesten ihn sehr gerne nähmen. Hier bemerkte der Schreckliche an dem Rand: „Also betrügen die Herren ihre eigenen Pferde.“

Starke Feindschaft hatte sich auch der Kaffeeterminhandel in Hamburg in den Kreisen des effektiven Geschäfts zugezogen. Auch hier hatte eine wilde, durch starke Beteiligung des Publikums entartete Spekulation gelegentlich so sinnwidrige Zustände eintreten lassen, daß Kaffee mit Extrazügen von Triest nach Hamburg gefahren werden mußte, um die rein spekulativ eingegangenen massenhaften Lieferungsverpflichtungen, für die Deckung sonst nicht zu erlangen war, erfüllen zu können. Der Börsenterminmarkt hatte auch hier durch die schrankenlose Beteiligung unberufener, am effektiven Handel nicht beteiligter Kreise jede Fühlung mit dem Effektivmarkte verloren und wurde dadurch zu einer direkten Gefahr für diesen.

Auch die Industrie stand damals dem lauten Treiben der Börse in Industrieaktien mit unverhohlenem Mißtrauen gegenüber. An der Schwelle ihrer großen Entwicklung war es ihr noch nicht klar, welche enorme Bedeutung die Spekulation und die weithin tönende Reklame, die sie für die von ihr bevorzugten Werte macht, für die Heranziehung des Kapitals zur Anlage in diesen Werten und damit für die Finanzierung der Industrie hat. Aber damals empfand sie es höchst störend, daß der Lärm der Börse Unruhe auch in die Arbeiterschaft trug, Lohnbewegungen direkt provozierte. Eine ähnliche Wirkung der Börsenspekulation haben wir ja auch vor wenigen Jahren erlebt.

Wenn man den Empfindungen, mit denen die damalige Zeit auf solche Vorgänge reagierte, gerecht werden will, darf man nicht vergessen, daß damals Börse und Börsenspekulation in Deutschland erst jung waren. Holland erlebte seine erste große Spekulationsperiode im Jahre 1610, während Deutschland die erste große Spekulation erst in der Mitte der vierziger Jahre des neunzehnten Jahrhunderts sah, als sich in den Aktien der Eisenbahnen zum erstenmal ein Objekt bot, das die spekulative Phantasie weiter Kreise anregte. Den damals in der noch kleinen Berliner Börse beginnenden Tanz um das goldene Kalb hatte aber die preußische Regierung hart zugreifend ein schleuniges Ende bereitet. In dem nun wieder an den Wertpapierbörsen einsetzenden regen Terminhandel sah man wie damals ein Spiel, das wirtschaftlich nutzlos, nur zur Ausbeutung des unerfahrenen Publikums diente. Auf die bedenklichen Erscheinungen, die sich im Verkehr mit der Kundschaft zeigten, gehe ich nicht ein; es waren Kinderkrankheiten einer noch jungen Entwicklung, die mit der Läuterung der Auffassungen von selbst verschwanden.

Allen diesen Erscheinungen, die die Öffentlichkeit so stark erregten, stand der sogenannte Gesetzgeber, Bundesrat und Reichstag, mit großer Unsicherheit gegenüber. Wirkliches Verständnis für das Wesen der Dinge hatte die zur Klarstellung der Verhältnisse einberufene Börseenquetekommission nicht geschaffen. Es ist aber bekannt, wie leicht sich Unsicherheit in Brutalität umsetzt. So schonend sonst das Börsengesetz mit dem Hergebrachten umging, hier schlug es mit der Keule zu, in der Meinung, im Börsentermingeschäft auch die reine Spekulation und in dieser ein Übel schlechthin zu treffen.

Aber es zeigte sich auch alsbald, daß man nicht ungestraft mit einem so wichtigen Zentralorgan, wie es die Börse ist, experimentiert, eine Erfahrung, die auch die preußische Regierung alsbald nach ihrem Husarenritt gegen die Spekulation in Eisenbahnaktien gemacht hatte, nämlich daß das Kapital, das sich, angelockt von der Spekulation, bisher zur Anlage in Eisenbahnaktien gedrängt hatte, nun plötzlich zurückhaltender wurde und der Ausbau der Eisenbahnen durch Finanzierungsschwierigkeiten ins Stocken geriet.

Am schwersten war die Getreidebörse durch das gänzliche Verbot des Terminhandels im Getreide getroffen worden. Die große Berliner Zentralbörse hatte darauf mit ihrer Auflösung reagiert, ein Zustand, der für die Landwirtschaft selbst, mit so großem Jubel sie ihn auch zunächst begrüßt hatte, auf die Dauer nicht zu ertragen war. Hier hat man daher auch zuerst nachgeben müssen. Die Wertpapierbörse aber war an Stelle des ihm praktisch unmöglich gemachten Börsentermingeschäfts zu anderen plumperen Geschäftsformen übergegangen, in denen sich die Spekulation ungehindert, zeitweise in sehr großem Umfange betätigte. Man konnte nun die Erfahrung machen, daß man den Teufel mit Beelzebub ausgetrieben hatte. Denn in diesen plumperen Formen nahm das Geschäft den Geldmarkt um so viel stärker in Anspruch, daß die Reichsbank das Verlangen stellte, der Spekulation die Rückkehr zu den alten Formen zu ermöglichen. Auf welche Schwierigkeiten die unerläßliche Reform stieß, habe ich schon angedeutet. Daß sie schließlich in einer Weise gelungen ist, die sich von Übertreibungen nach der einen oder anderen Richtung freihält, darf wohl daraus geschlossen werden, daß in den 22 Jahren des Bestehens der neuen gesetzlichen Regelung von keiner Seite ernstliche Bestrebungen nach einer Änderung eingesetzt haben.

Es ist zuzugeben, daß die jetzige Regelung des Börsenterminhandels sich dem mit der Materie nicht Vertrauten recht verwickelt darstellt. Wäre die Hand, die die Feder führte, von politisch taktischen Bindungen frei gewesen, so hätte der Aufbau sich klarer gestalten lassen. Richtig wird man die Regelung nur verstehen, wenn man sich klar macht, daß das Gesetz das Börsentermingeschäft in Waren als etwas völlig anderes auffaßt als das Börsentermingeschäft in Wertpapieren und daher beide grundsätzlich verschieden regelt; ferner daß es keineswegs Zweck der Regelung ist, das Publikum davor zu schützen, sein Geld an der Börse zu verlieren und ebensowenig, die Börsenkreise selbst davor zu schützen, Verluste durch die Vertragsuntreue des Publikums zu erleiden. Sondern gedacht ist, die Regelung als Schutz des Börsenmarktes selbst gegen Ausschreitungen. Deshalb will das Gesetz von dem Warenterminhandel den Schwarm der unkundigen Dilettanten fernhalten und ihn tunlichst auf die am Effektivgeschäft Beteiligten beschränken, damit er den Zusammenhang mit dem Effektivmarkt nicht verliert. Denn nur dann kann der Warenterminhandel seine große wirtschaftliche Funktion erfüllen, dem Effektivgeschäft seine ungeheuren Risiken tragen zu helfen.

Was aber das Börsentermingeschäft in Wertpapieren angeht, so kommt eine Fernhaltung des Publikums nicht in Frage, denn wenn, worüber noch zu sprechen sein wird, die Wertpapierbörse Vermittlungsstelle für Käufe und Verkäufe des Publikums ist, kann man das Publikum auch nicht hindern, dort spekulativ zu kaufen oder zu verkaufen. Wohl aber will das Gesetz dahin wirken, daß das Publikum, wenn es sich beteiligt, in der Eingehung von Risiken den Rahmen seiner disponiblen Mittel nicht überschreitet. Das ist die wohltätige Bremse, die das Gesetz hier im Interesse der Börse selbst anlegen will.

Die Mittel, mit denen der Gesetzgeber auf wirtschaftlichem Gebiet wirken kann, sind überaus beschränkt. Er wird sich nie der Illusion hingeben dürfen, seine Zwecke voll zu erreichen. Der Pfeil wird immer nur in die Nähe des Zieles treffen; genug, wenn er nicht darüber hinaus fliegt und dort Unheil stiftet. Letzten Endes liegt die Möglichkeit, Ausschreitungen der Spekulation, nicht des einzelnen, sondern der Gesamtheit vorzubeugen, in der Hand des mächtigsten Mannes in Deutschland, des Reichsbankpräsidenten, der jederzeit die Kreditgewährung, ohne die keine nennenswerte Spekulation sich entwickeln kann, mit einem Stirnrunzeln zu drosseln vermag.

Wir sind gewöhnt, von der Börse schlechthin zu sprechen. Es gibt aber keine einheitliche deutsche Börsenorganisation und es gibt noch weniger ein einheitliches Wesen der deutschen Börsen, wenigsten, derjenigen Veranstaltungen, die tatsächlich als „Börsen“ im Rechtssinne, zum Teil übrigens höchst unnötiger Weise, behandelt werden. Eine ordnende Hand, die nach bestimmten Gesichtspunkten verfuhr, hat hier nicht gewaltet und konnte auch nicht walten, nicht nur weil die Ausführung des Börsengesetzes den einzelnen Landesregierungen obliegt, sondern weil auch das Börsengesetz selbst, als es die Börse zu einem reichsrechtlichen Begriff machte, über das Wesen dieses Rechtsbegriffs offenbar keine klare Vorstellung hatte. Es verwies zur Erläuterung des Begriffs auf die bestehenden Börsen, die aber damals bereits ein völlig diffuses Bild boten. Jede einzelne Börse stand und steht noch heut so da, wie sie sich aus den örtlichen Bedürfnissen und Gepflogenheiten entwickelt hat. So sehen wir die große Hamburger Universalbörse; tägliche große, freie Versammlungen des gesamten Handels, wie sie anscheinend auch heute noch ein Bedürfnis der Seehandelsplätze sind. Denn auch die Antwerpener Börse trägt diesen Charakter. Früher war die Hamburger Börse auch ein jeder ehrbaren Person zugänglicher offener Markt, bis der Hamburger Senat sich durch die Verhältnisse der Inflationszeit gezwungen sah, einen Filter gegen allzu grobe Verunreinigungen in Gestalt einer Zulassung zum Börsenbesuche einzuschalten. Hier erscheint neben dem Vertreter des Bankgewerbes und des Warengroßhandels auch der Versicherungsagent, der Schiffsmakler, der Grundstücks- und Hypothekenmakler, der Rechtsanwalt und Notar, der seine Klientel in Geschäftskreisen hat, nicht um ihre Tätigkeit in börsenmäßiger Konzentration zu betreiben, sondern weil man sich eben zur Börsenzeit im Börsengebäude zu treffen pflegt, so die beste Gelegenheit hat, miteinander geschäftliche Fühlung zu halten und seine Informationen zu beziehen; denn hier laufen natürlich alle Nachrichten zusammen. Es gibt kein Geschäft, dessen Abschluß hier nicht erfolgen könnte. Im Grunde also keine Börse, sondern ein Zusammentreffen in einem Börse genannten Raume. Freilich birgt diese Börse in ihrem Innern besondere Organisationen für den Wertpapierhandel und für den Börsenterminhandel in Kaffee, Zucker usw. in Gestalt von klubartigen Zusammenschlüssen.

Der Typus der binnenländischen Börse ist dagegen die Spezialbörse, die nur bestimmten Handelszweigen oder richtiger den Angehörigen bestimmter Handelszweige dient. So dient die Münchener Börse nur dem Handel mit Wertpapieren. Die Berliner Börse aber besteht aus drei Spezialbörsen mit getrennten Besucherkreisen, einer Wertpapierbörse, einer Getreidebörse, einer der wenigen Getreidebörsen Deutschlands, die den Namen Börse verdienen, und einer Metallbörse. Während die Berliner Wertpapierbörse neben Newyork, London und Paris zu den Weltbörsen gehört, finden sich unter den Spezialbörsen auch solche direkt niedlichen Erscheinungen, wie es die Getreidebörse in Grimmen, einem kleinen Ort in Hinterpommern war, bis ihr der Stempel als Börse im reichsrechtlichen Sinne entzogen wurde. Sie tagte zweimal in der Woche in den Räumen eines Gasthauses, besucht von Landwirten und dem lokalen Handel. Jetzt werden diese und ähnliche ganz unbedeutenden Erscheinungen, die nur aus zufälligen Gründen von der verwaltungsrechtlichen Praxis dem Börsenrecht unterstellt wurden, als sogenannte Privatmärkte oder marktähnliche Veranstaltungen behandelt, d. h. als Veranstaltungen, die keinen bestimmten Rechtssätzen unterworfen, sich nach eigenem Belieben auf der Grundlage des Hausrechts oder des Vereinsrechts regeln. Immerhin haben wir auch heute noch in ganz Deutschland, namentlich auf dem Gebiete des Getreide- und Produktenhandels amtlich anerkannte Börsen, die sich von manchen durch keine Rechtsnorm beschränkten Privatmärkten, von denen wir in Preußen einige recht wichtige haben, nur dadurch unterscheiden, daß sie weit unbedeutender sind. Das diffuse Bild, das die deutschen Börsen an sich schon boten, ist dadurch noch bunter geworden, daß Preußen sich aus Zweckmäßigkeitsgründen veranlaßt gesehen hat, für den nächst Berlin größten Binnenhafen des Kontinents, Duisburg-Ruhrort, den Abschluß von Fracht- und Schleppgeschäften in einer „Börse" zusammenzufassen.

Das Bild wird nicht einheitlicher, wenn wir die Organisation der einzelnen Börsen ins Auge fassen. Auch hier haben Entstehung und lokale Gepflogenheiten jeder Börse den besonderen Stempel aufgedrückt. Während die Münchener Wertpapierbörse ihre Mitglieder in dem Münchener Handelsverein zusammengefaßt hat, der der Börse auch Unterkunft und alles, was für ihre Abhaltung erforderlich ist, stellt, trägt die Berliner Börse noch durchaus den Stempel ihrer Entstehung aus einer freien und offenen Versammlung der Kaufmannschaft, von der nur mit der Zeit die Handelskreise wegblieben, die ihr Geschäft ganz in die Kontore verlegen konnten. Die drei Berliner Börsen sind nur reglementierte Zusammenkünfte der ortsansässigen, am Wertpapierhandel oder am Produktenhandel oder am Metallhandel interessierten Kaufmannschaft, ohne eine bestimmte rechtliche Struktur, Zusammenkünfte, denen die Industrie- und Handelskammer Raum und Personal zur Verfügung stellt, aus denen sie aber auch recht bedeutende Einkünfte zieht. In ihrer Erscheinung ist diese Börse in ihren drei Abteilungen außerordentlich verschieden von den anderen Weltbörsen, der Bourse de Paris, der Stock Exchange in London, der Stock Exchange in Newyork oder der mächtigen Getreidebörse in Chikago, auf deren Kurse der Getreidehandel des ganzen Erdballs horcht.

Ich sehe hier von der Frage ab, worin nun eigentlich die rechtlichen Merkmale einer Börse im Sinne des Börsengesetzes zu suchen wären. Die Verwaltungspraxis hat sich überall über diese Frage hinweggesetzt und behandelt in allen Bundesstaaten nach altem Herkommen aus Zweckmäßigkeitsgründen oder auch auf Wunsch der Beteiligten aus Gründen des Prestige mancherlei Einrichtungen als Börse im Rechtssinne, ohne durch das Börsengesetz dazu gezwungen zu sein, so z. B. jene allgemeinen Zusammenkünfte in dem Hamburger Börsengebäude.

Es ist wichtiger darauf hinzuweisen, daß es überhaupt ein einheitliches Wesen der Börse nicht geben kann, daß wir vielmehr zwei große Gruppen von Börsen unterscheiden müssen, die im Grunde nur Namen und äußere Erscheinung gemein haben, aber ihrem Wesen nach ganz heterogene Einrichtungen sind, die Waren- und die Wertpapierbörsen.

Denn es sind eben ganz verschiedene Dinge, die börsenmäßig gehandelten Waren des Großhandels und die Wertpapiere, d. h. jene Papiere, die in großen und gleichartigen Mengen ausgegeben werden, bestimmt, verfügbarem Kapital als Anlage zu dienen und dadurch den Stellen, die diese Wertpapiere ausgeben, Kapital zuzuführen, Staats- und Kommunalpapiere, Hypothekenpfandbriefe, Obligationen, Aktien usw.

Die Ware ist bestimmt für den Verbrauch, in dem sie untergeht. Es ist die Aufgabe des Großhandels, immer neue Ware vom Erzeuger aus dem Inlande und dem Auslande heranzuschaffen, damit sie wieder verschwinde. Der Großhandel in Waren hat mit dem letzten Verbraucher, dem Publikum, nichts zu tun. Zwischen dieses und ihn schieben sich zahlreiche Zwischenglieder. Die Aufgabe des Großhandels ist es nur, die Ware an die Kanäle heranzubringen, in denen sie dann in immer feinerer Verzweigung verbrauchsfertig gemacht, dem letzten Verbraucher zugeführt werden.

Das Wertpapier ist aber unmittelbar bestimmt für das Publikum. Den Ausstellern wäre es am liebsten, wenn es unmittelbar aus ihrer Hand in die Kassenschränke des Publikums wanderte, um dort unbeweglich liegen zu bleiben. Aber dieser Wunsch erfüllt sich meist nicht, einmal weil die letzte Hand nicht ohne weiteres erreichbar ist, sodann aber weil auch nur vorübergehend verfügbares Geld seine Anlage in Wertpapieren sucht. Darum werden ja die Vermögensrechte in die Form von Wertpapieren gebracht, damit sie jederzeit leicht veräußerlich auch kurzfristig verfügbarem Geld als Anlage dienen können und ihr Markt dadurch verbreitert wird. Aber auch das dauernd verfügbare Kapital strebt immer wieder nach einem Wechsel der Anlagen. Die heut vorhandene Ware ist morgen im Verbrauch verschwunden, das in ihr investierte Kapital kehrt immer wieder in die Geldform zurück und kann sich neuen Aufgaben widmen. Das Wertpapier aber ist stets für lange Zeit bestimmt. Es besteht, bis es getilgt wird, oder die Gesellschaft, die es ausgegeben hat, untergeht, und der Bestand wächst stets und ständig und eilt zuzeiten der Bildung von neuem Kapital, das durch die Wertpapiere aufgesaugt werden soll, voraus.

Während die Waren dahinrollen wie ein großer Strom, nicht immer im gleichmäßigen Fluß aber doch unmittelbar verschwindend, gleicht der Wertpapierbestand einem See, der viele Zuflüsse, aber keinen regelmäßigen Abfluß hat. Er ist auf allmähliche Versickerung angewiesen. Aber ein großer Teil des Inhalts versickert nicht, weil sich nur vorübergehend verfügbares Geld in ihm anlegt, und immer wieder durch Verkauf der Anlage freigemacht werden muß. Zuzeiten zieht sich auch der Boden unter dem See wieder zusammen, die schon fest untergebrachten Wertpapiere werden wieder abgestoßen.

Es leuchtet ein, daß die Aufgabe des Wertpapierhandels eine ganz andere ist als die Aufgabe des Warengroßhandels, daß die Einrichtungen und auch die Handelsformen, deren sich auf der einen Seite der Wertpapierhandel, auf der andern Seite der Warengroßhandel bedient, mögen sie sich auch äußerlich ähneln, doch ihrem Wesen nach ganz verschiedene Dinge sind. Es ist im Grunde nur die Sirene des Gleichklangs der Bezeichnungen, welche immer wieder dazu verführt, Warenbörse und Wertpapierbörse auf denselben Nenner bringen zu wollen, das wichtige Hilfsgeschäft des Warengroßhandels, den Warenterminhandel, der einen Markt erst zur Börse macht, und das spezifische Geschäft der reinen Preisspekulation an der Wertpapierbörse, das Börsentermingeschäft in Wertpapieren, als das gleiche Geschäft aufzufassen. Das geltende Börsengesetz tut es jedenfalls nicht, sondern behandelt beide Handelszweige grundsätzlich verschieden.

An der Warenbörse, dem Institut des Warengroßhandels, hat das Publikum nichts zu suchen. Kein Verbraucher hat Anlaß 50 Tonnen Getreide oder 200 Sack Zucker zu kaufen. Beteiligt sich das Publikum gleichwohl, so ist es ein Mißbrauch, der zum gemeinschädlichen Unfug ausarten kann und, wie wir sahen, auch oft genug ausgeartet ist. Ob eine Warenbörse notwendig ist, ist nur eine Frage der Organisation des Handels; große Zweige des Warengroßhandels benötigen einer solchen Einrichtung nicht und es ist sehr wohl denkbar, daß mit der weiteren Änderung der Organisation des Handels Warenbörsen und Warenterminhandel überhaupt nicht mehr benötigt werden. Aber solange nicht eine grundstürzende Änderung unserer Wirtschaftsordnung eintritt, wird die Wertpapierbörse eine unentbehrliche Einrichtung bleiben. Es mag sein, daß es im großen Umfange gelingen kann, neu ausgegebene Wertpapiere unmittelbar an die letzte Hand zu verkaufen. Aber es ist nicht denkbar, wie die mächtigen Fluktuationen innerhalb des Bestandes ohne Börse glatt zu bewältigen wären. Der gewaltige, in ungezählten Händen verteilte Wertpapierbesitz der Nation verlangt einen Mittelpunkt, in dem sich Angebot und Nachfrage begegnen, der Kauflustige den Verkauflustigen finden kann, mit Hilfe dessen aber auch der Überschuß an Wertpapieren, dem noch kein anlagesuchendes Kapital gegenübersteht, einstweilen Unterkunft findet, in den Händen der Spekulation, d. h. der Tätigkeit, die vermittels von Käufen und Verkäufen an Kursveränderungen Geld zu verdienen sucht und die mit Hilfe des ihr leihweise zur Verfügung gestellten Geldes das schwimmende Material hin und her schiebt, bis der Versickerungsprozeß, der Übergang in feste Hände sich vollzieht.

Die Wertpapierbörse ist ihrem Wesen nach Vermittlungsstelle für das ganze am Wertpapier durch Besitz oder Spekulation interessierte Publikum. Sie ist keine bloße vom Publikum isolierte Erscheinung des Handels, sondern steht mitten in diesem Publikum ihm dienend, aber auch von ihm beherrscht.

Diese Funktion der Wertpapierbörse als Vermittlungsstelle für die gesamten am Wertpapier interessierten Kreise tritt nirgend so sinnfällig in Erscheinung wie an der Pariser Börse, die jedem geöffnet ist und deren Besuch ich als besondere Sehenswürdigkeit dringend empfehle.

Diese Börse besteht nur aus siebzig privilegierten Börsenhändlern, Agents de change genannt, nicht Makler, sondern reine Börsenkommissionäre, deren Beruf es ist, die ihnen von ihren Kunden, von Banken oder Bankiers oder auch unmittelbar aus dem Publikum zugehenden Aufträge zum Ankauf oder Verkauf von Wertpapieren durch Abschluß miteinander auszuführen. Es werden hier die gesamten Umsätze eines recht spekulativen Volkes in den wichtigsten Wertpapieren bei diesen siebzig Händlern zusammengedrängt. Der Handel aber zwischen diesen Siebzig spielt sich ab in einem engen, durch eine Schranke umgebenen Raum, der sogenannten Corbeille, inmitten eines großen Saales, der jedermann zugänglich ist. Der Handel beginnt mit Erledigung der Aufträge, die den Agenten vorbörslich zugegangen sind. Aber dann hat man vor Augen, wie aus der die Corbeille umdrängenden Korona aber auch von außen den Agenten fortgesetzt Aufträge zugehen, die den Handel immer neu beleben. Es ist nicht richtig, wenn man die in dem Saal Anwesenden als die Börse bezeichnet; man hat die Corbeille in einen Saal gestellt, weil sie nicht unter freiem Himmel tätig sein soll wie die Nebenbörsen, die Kulissen, das sind Klubs von Kommissionären, die sich hauptsächlich mit den nicht zum Handel an der amtlichen Börse zugelassenen Wertpapieren befassen oder wenigstens nur befassen sollen und auf der Freitreppe der Börse einen gewaltigen Lärm verüben. Die einzige Umsatzstelle für die amtlich gehandelten Werte ist die Corbeille. Nur in ihr vollzieht sich das Geschäft, nur hier erfolgen die Abschlüsse. Die Korona im Saal beteiligt sich nur durch Erteilung von Aufträgen an die Corbeille, sie hat den Vorteil, den Verlauf des Geschäfts unmittelbar beobachten und die Situation sofort durch Erteilung von Aufträgen ausnützen oder beeinflussen zu können. Aber diese Korona ist nur ein kleiner Ausschnitt aus der Masse der sich Beteiligenden. Die Ticker, die in jedem großen Restaurant und in jedem Hotel stehen, und das Telephon melden die Kurse durch ganz Paris und weiter gehen die Nachrichten in die Provinz und regen zur Erteilung von Aufträgen an, die den Agents de change drahtlich oder brieflich zugehen. Man hat es sozusagen vor Augen, wie sich ganz Frankreich an den Umsätzen in der Corbeille beteiligt. Hier schlägt das Herz, das in den zwei Börsenstunden den Umlauf der Wertpapiere durch sich hindurchtreibt.

Erblicken wir in der Wertpapierbörse die Umsatzstelle für das am Wertpapierbesitz interessierte Publikum, so ist es klar, daß ein Organ vorhanden sein muß, das dem Publikum die Benutzung dieses Marktes ermöglicht. Denn es kann nicht jedermann mit Wertpapieren oder Geld in der Tasche an die Börse gehen und dort jemand suchen, der ihm die Wertpapiere gegen bar abkauft oder ihm Wertpapiere gegen bar aushändigt. So handelt man Kartoffeln oder Äpfel am Wochenmarkt. Die Börse kennt solche Handkäufe nicht. Schon am Großhandelsmarkt und erst recht an der Börse werden die Geschäfte nur abgeschlossen, die Erfüllung, Lieferung und Bezahlung erfolgt außerbörslich und deshalb ist es auch selbstverständlich, daß sich der Geschäftsverkehr an der Börse selbst, das Innengeschäft der Börse nur abspielen kann innerhalb eines kleineren oder größeren, immer aber begrenzten Kreises von berufsmäßigen Händlern, die gegenseitig ihre Kreditfähigkeit kennen, mit den Börsengebräuchen vertraut sind und zwischen denen sich die Erfüllung der an der Börse geschlossenen Geschäfte von Kontor zu Kontor glatt abwickeln kann. Der Außenstehende ist auf die Vermittlung einer solchen Börsenfirma, die ihm ihren Kredit und ihre Geschäftserfahrung zu Gebote stellt, angewiesen. Die Börsenfirma schließt das Geschäft dann an der Börse in eigenem Namen ab. Für wessen Rechnung das Geschäft geht, das berührt den Innenverkehr der Börse nicht. Die beiden an der Börse miteinander abschließenden Firmen haben es auch bei der Abwicklung des Geschäfts nur miteinander zu tun. Jeder hat sich dann seinerseits mit seinen außenstehenden Auftraggebern wegen der für dessen Rechnung eingegangenen Verbindlichkeiten auseinanderzusetzen. Diese Betätigung in eigenem Namen für fremde Rechnung nennen wir Kommissionsgeschäft.

Der Kommissionär ist das unentbehrliche Organ der Wertpapierbörse, das der Wertpapierbörse überhaupt erst zur Existenz verhilft. Des Kommissionärs an der Börse bedient sich nicht nur das Publikum, sondern auch die außenstehende Bankwelt für eigene Geschäfte oder die Geschäfte ihrer Kundschaft. Es findet sich aber vielfach noch ein zweiter

Typ von Börsenhändlern, das sind die Makler. Während der Börsenkommissionär die Aufträge von außen zur Ausführung übernimmt, besteht die Funktion des Börsenmaklers darin, daß er den Verkehr zwischen den Börsenbesuchern, also inter praesentes vermittelt, Angebot und Nachfrage innerhalb der Börse zusammenführt, für diese sozusagen als Treffpunkt dient. Wo die Zahl der Börsenkommissionäre gering ist, ist der Makler entbehrlich. So fehlt er an der Pariser Börse, wo die überaus starke persönliche und räumliche Konzentration des Handels das Zusammenfinden von Angebot und Nachfrage ohne weiteres ermöglicht, freilich unter Aufwand ungeheurer Stimmittel. Er fehlt auch an den kleineren englischen Börsen, die nur Klubs von Brokers, Börsenkommissionären sind. Er findet sich aber an den großen deutschen Börsen, und zwar in sehr mannigfacher Gestalt, die der üblichen Vorstellung von der Tätigkeit des Maklers mitunter sehr wenig entspricht, auch stark durchsetzt mit Eigenspekulation; er findet sich auch in der großen Londoner Stock exchange, hier als Dealer oder Jobber, der die Funktion des Maklers in der Form eines sehr spekulativen Eigenhandels versieht.

Das technische Idealbild einer Wertpapierbörse als Vermittlungsstelle für den Wertpapierumsatz wäre nun eine dem Bedürfnis entsprechende Anzahl von Börsenkommissionären, deren Tätigkeit nur darin zu bestehen hätte, die von außen direkt vom Publikum oder durch Vermittlung von Banken und Bankiers an sie gelangenden Aufträge durch Abschluß untereinander auszuführen, ohne eigenes Interesse an den Kursen, lediglich durch die Provision, die ihnen für die abgeschlossenen Geschäfte zu zahlen ist, an möglichst zahlreichen Aufträgen und an möglichst günstiger Bedienung der Kundschaft interessiert. Bei einer großen Anzahl von Börsenkommissionären könnte dann noch hinzutreten die erforderliche Anzahl von Maklern, um im Innern der Börse als Treffpunkte von Angebot und Nachfrage, die sich bei zahlreichen Börsenkommissionären nicht so leicht zusammenfinden, zu dienen. Um das technische Idealbild zu vervollständigen, wäre noch erforderlich ein Vermittlungsmonopol der Börse, das möglichst alles Angebot und Nachfrage an die Börse zusammenführt und so dem Markt die zu seinem guten Funktionieren erforderliche Breite gibt.

Dieses Idealbild der Börse existiert nun freilich nicht in Deutschland, es existiert aber im Auslande, so in der Bourse de Paris und in der Stock Exchange in London. Die Pariser Börse besteht, wie schon geschildert, aus siebzig Agents de change, staatlich bestellten und privilegierten reinen Börsenkommissionären. „Rein" soll besagen, daß ihnen jeder Eigenhandel untersagt ist, sie haben nur für fremde Rechnung die an sie gelangenden Aufträge durch Abschluß untereinander auszuführen. — Natürlich weiß ich, daß diese Bestimmung nicht von allen Agents de change streng beachtet wird. Die eigenen Geschäfte gehen in den

Büchern dann für einen prête-nom. Die englische Börse ein autonomer, höchst exklusiver Klub von reinen Börsenhändlern, in dem jedes Klubmitglied nur entweder als Broker, d. h. als reiner Börsenkommissionär, also unter Ausschluß jeder anderen Betätigung an der Börse, oder als Dealer (Jobber), d. h. als Eigenmakler, der aber nur mit den Brokers handelt, tätig sein darf. Beide Börsen geschützt gegen die Abwanderung des Börsengeschäfts in die Kontore der Banken oder in Nebenbörsen, die Pariser Börse durch ein gesetzliches Vermittlungsmonopol für die amtlich notierten Wertpapiere, das zeitweilig strenger, zeitweilig weniger streng durchgesetzt werden kann; die Londoner Stock exchange, geschützt durch die Sitte, die ja in England der zunftmäßigen Arbeitsteilung soviel günstiger ist als in Deutschland, aber auch durch die eigene Macht, die sie instand setzt, Einbruchsversuche der Bankwelt zurückzuweisen, schließlich aber auch durch die Rechtsprechung, die gegenüber Geschäften, die durch einen Broker an der Börse ausgeführt sind, den Spieleinwand nicht zuläßt, also das Geschäft der Börse durch Rechtssicherheit privilegiert. Der Bankwelt stehen diese Börsen völlig selbständig gegenüber. Die Banken und Bankiers müssen die Aufträge, die ihnen von ihren Kunden zugehen, einem Agent de change oder einem Broker übertragen. Es findet also eine Arbeitsteilung zwischen Bankwelt und Börse statt. Die Börsen selbst aber gleichen großen Beförderungsinstituten, die die Ware möglichst schnell und möglichst günstig vom Absender zum Empfänger, d. h. vom Verkäufer zum Käufer durch sich hindurchlaufen lassen, lediglich an der Beförderungsgebühr, nicht an der Ware selbst interessiert.

Ich weiß natürlich, daß die Praxis auch hier wie überall mit der Theorie nicht völlig übereinstimmt, aber es kommt für das, was ich ausführen will, nur auf die großen Umrisse an.

Ganz anders aber das Bild, das unsere deutschen Wertpapierbörsen, insbesondere deren wichtigste, die Berliner Börse, von der nun noch allein die Rede sein soll, bietet.

Der Typ der reinen, d. h. nur mit der Ausführung von Aufträgen für fremde Rechnung befaßten Börsenkommissionäre ist uns nicht bekannt. Die Arbeitsteilung zwischen der Börse und der Bankwelt fehlt. Ein Vermittlungsmonopol für die Börse kommt nicht in Frage. Vielmehr spielen die beherrschende Rolle die Banken und Bankiers, denen die Börse zum Abschluß von Geschäften aller Art für eigene oder fremde Rechnung dient, die aber das Geschäft nur an die Börse bringen, insoweit sie es für zweckmäßig halten. Diese von den ausländischen Börsen so abweichende Gestaltung ist nicht nur auf die Entstehung der Berliner Börse aus freien Versammlungen zurückzuführen. Daß diese Herkunft heute noch der Börse den Stempel aufdrückt und eine andere Gestaltung sich nicht durchsetzen konnte, das liegt vielmehr an bestimmten deutschen Geschäftsauffassungen und dem diese widerspiegelnden Recht.

In der Natur der Sache scheint eine scharfe Scheidung zwischen Tätigkeit im fremden Interesse und Tätigkeit im eigenen Interesse, zwischen Fremdhandel und Eigenhandel zu liegen. Wenn der Kommissionär gleichzeitig ein eigenes Interesse an dem Wertpapier hat oder nehmen kann, in dem er einen ihm erteilten Auftrag ausführen soll, so ist mindestens die Möglichkeit gegeben, daß das Interesse des Auftraggebers hinter dem eigenen Interesse des Beauftragten zurückgesetzt wird, das Fremdgeschäft in den Dienst des Eigengeschäfts oder der Eigenspekulation gestellt wird. In der Divergenz, die in dieser Hinsicht zwischen den deutschen und andererseits den englischen und französischen Geschäftsauffassungen besteht, liegt auch der eigentliche Grund der so verschiedenen Gestalt der Börsen.

Man sagt, daß sich die Völker der Eigenschaften am meisten rühmen, die sie am wenigsten besitzen. So rühmt sich der Deutsche neuerdings einer großen Organisationsfähigkeit. Richtig ist nur, daß sich vielleicht niemand so leicht organisieren läßt wie der Deutsche, wenn sich der Organisator findet. Aber ein nur flüchtiger Blick in unser Wirtschaftsleben und leider auch in unser politisches Leben zeigt, daß dem Deutschen gar sehr die Fähigkeit fehlt, sich aus sich selbst heraus zu organisieren und die in der Natur der Sache liegenden Scheidungen aufrechtzuerhalten. Der Sinn für eine zunftmäßige Teilung der Funktionen geht uns gänzlich ab, jeder möchte am liebsten alles selbst machen, jede Gewinnmöglichkeit selbst ausnützen. So nimmt auch die deutsche Auffassung keinen Anstoß an der Verbindung zwischen Eigenhandel und Fremdhandel, und es ist eine wenig rühmenswerte deutsch-österreichische Spezialität, daß unser Recht diese Auffassung dadurch sanktioniert, daß es dem Kommissionär gestattet, einen Auftrag dadurch auszuführen, daß er das Kaufobjekt selbst als Verkäufer liefert oder das zu verkaufende Wertpapier selbst als Käufer übernimmt, wenn er dabei den amtlich notierten Börsenkurs berechnet. Der Kommissionär ist also, wenn er von diesem Selbsteintrittsrecht Gebrauch macht, nicht genötigt, dem Kunden Rechenschaft über die Art der Ausführung des Auftrags zu geben, ihm nachzuweisen, daß er selbst bei dem Geschäft, das er zur Ausführung des Auftrags an der Börse geschlossen hat, den dem Kunden berechneten Kurs erzielt oder bezahlt hat, er kann ihn einfach auf den Kurszettel verweisen, einerlei wie er nun wirklich das Geschäft ausgeführt hat, ob durch Abschluß an der Börse oder durch Übernahme in eigene Bestände oder durch Lieferung aus eigenen Beständen, oder ob dem Kaufauftrag, den er von dem einen Kunden erhielt, der Verkaufsauftrag eines anderen Kunden entsprach, die er nun in sich ausgleichen konnte. Die Bedeutung dieses Selbsteintrittsrechts für den

Kommissionär besteht einmal darin, daß er bei der Abwicklung der Aufträge seiner Kunden jede Chance auch für den eigenen Verdienst ausnutzen kann. Ferner aber namentlich in der außerordentlichen Bequemlichkeit und Vereinfachung der Abrechnung, indem einfach auf den Börsenkurs verwiesen wird. Dies hat zur Folge, daß der deutsche Kommissionär immer abrechnet, als wäre er selbst eingetreten, auch wenn er tatsächlich das Geschäft an der Börse ausgeführt hat. Dazu tritt aber noch, daß der Kommissionär, der das Gut selbst als Verkäufer liefert oder selbst als Käufer übernimmt, nicht nur dem Kunden die gewöhnliche Provision für Kommissionsgeschäfte, sondern auch alle die Kosten, die bei Kommissionsgeschäften sonst regelmäßig vorkommen, berechnen darf, auch wenn er sie nicht zu verauslagen brauchte.

Bei der Zulassung des Selbsteintrittsrechts ging das Gesetz von der völligen Zuverlässigkeit des Börsenkurses aus. Es nahm an, daß das Interesse des Kunden völlig gewahrt sei, wenn ihm dieser Kurs berechnet würde, da er bei Ausführung des Auftrags an der Börse doch nicht billiger hätte kaufen oder verkaufen können. Gleichwohl tut aber das Gesetz alles, um die Zuverlässigkeit des Börsenkurses in Frage zu stellen. Der Börsenkurs resultiert wie jeder Preis aus Angebot und Nachfrage. Er wird in der Regel um so zuverlässiger sein, je breiter der Markt ist, d. h. je stärker sich Angebot und Nachfrage am Markte konzentrieren, um so unzuverlässiger, nicht nur Zufälligkeiten, sondern auch willkürlichen Beeinflussungen ausgesetzt, je schwächer die Konzentration ist. Das Gesetz setzt aber direkt eine Prämie auf die Geschäfte, die nicht an den Markt gebracht werden. Welcher Kommissionär wird ein Geschäft an der Börse im amtlichen Handel, d. h. durch die Beauftragung eines Kursmaklers ausführen, wenn ihm eine andere Art der Ausführung möglich ist, bei der er die Kurtage des Maklers nicht zu verauslagen braucht, sie aber doch dem Kunden in Rechnung stellen kann?

Nachdem seit einem Jahrhundert der Wertpapierhandel sich auf Grund des Selbsteintrittsrechts organisiert hat, wird kaum die Rede davon sein können, an diesem Recht etwas zu ändern. Aber auf die Folgen muß doch hingewiesen werden.

Nichts hat wie das Selbsteintrittsrecht dazu beigetragen, die deutschen Börsen als Konzentrationspunkte des Wertpapierhandels zu schwächen, insbesondere auch den kleineren Börsen das Geschäft zu nehmen.

Nichts hat so dazu beigetragen, die Konzentration des Kundengeschäfts bei den Großbanken zu fördern und deren Konkurrenz gegenüber den kleineren und mittleren Bankiers so vernichtend zu gestalten. Denn eine so gewaltige Zusammenballung des Geschäfts wäre technisch gar nicht oder nur mit gewaltigen Personalkosten zu bewältigen ohne die Vereinfachung der Abrechnung. Die Möglichkeit, daß Verkaufsaufträge aus der Kundschaft Kaufaufträgen entsprechen, also ein Ausgleich innerhalb der Kundschaft stattfindet, wobei die ganzen Kosten der Ausführung an der Börse erspart, aber doch durchaus legalerweise den Kunden belastet werden können, setzte ferner die Großbanken in den Stand, die Provision auf ein Maß herabzudrücken, mit dem der kleinere oder mittlere Bankier nicht mehr rentabel arbeiten konnte.

Nichts hat aber auch so dazu beigetragen, die guten Sitten im Kundengeschäft zu untergraben wie das Selbsteintrittsrecht, das die Möglichkeit gab, das Kundengeschäft unmittelbar in den Dienst des eigenen Geschäfts und der eigenen Spekulation zu stellen. In den Verhandlungen der Börsenenquetekommission ist darüber manches enthalten. Das Börsengesetz hat dann versucht, durch sehr fein ausgeklügelte Bestimmungen der Benachteiligung der Kunden entgegenzuwirken. Diese Bestimmungen sind zwar in das Handelsgesetzbuch, aber nicht in die Praxis übernommen worden. Sie sind viel zu kompliziert, als daß ihre Beobachtung möglich wäre. Es ist bezeichnend, daß in einem Rechtsstreit, der vor kurzem das Reichsgericht beschäftigte, von seiten des beklagten Bankiers geltend gemacht wurde, daß diese Bestimmungen durch ein Gewohnheitsrecht außer Kraft gesetzt seien. Wenn die Mißstände mit der Zeit verschwunden sind, so gebührt das Verdienst nicht der gesetzlichen Regelung, sondern der eingetretenen Läuterung der Auffassungen. Jedenfalls gibt das Selbsteintrittsrecht auch Winkelbankiers, die wegen ihrer persönlichen Eigenschaften die Zulassung zum Börsenbesuch nicht erlangen können, die Möglichkeit, ihr Geschäft nach außen hin genau so zu betreiben, als wären sie zur Börse zugelassen.

Aber welch sonderbare Gestaltungen auch heute, und zwar durchaus legalerweise auf einem durch das Selbsteintrittsrecht verödeten Markte möglich sind, dafür ein Beispiel:

Wenn man vor dem Kriege — zur Zeit liegt es hier ganz anders — bestimmte festverzinsliche Wertpapiere durch seinen Bankier kaufte, erhielt man die übliche Abrechnung des selbsteintretenden Kommissionärs zu dem an der Berliner Börse notierten Kurse, mit all den Spesen, die bei der Ausführung an der Börse entstanden wären. Tatsächlich ließ sich aber der Bankier die Papiere unmittelbar von der Emissionsbank kommen, und diese berechnete ihm nur den Börsenkurs ohne Spesen, abzüglich überdies einer nur für ihn bestimmten Absatzprovision von 1—2%, die er allerdings zu erstatten hatte, wenn innerhalb einer gewissen Zeit die Papiere an der Börse zum Verkaufe kamen. Käufer dieser Papiere gab es deshalb an der Börse überhaupt nicht. Alle Kaufgeschäfte wurden direkt mit der Emissionsbank außerbörslich gemacht. Die Börse brauchte nur für Verkäufe in Anspruch genommen zu werden. Aber dort war der einzige Käufer eben die Emissionsbank selbst, die nun ganz selbstherrlich den Kurs bestimmte, zu dem sie das ihr an der Börse angebotene Material aufnahm; natürlich nicht etwa möglichst niedrig, sondern in der Höhe, die ihr für den Absatz der Papiere im Lande der günstigste zu sein schien. Denn sie berechnete ja den Börsenkurs wiederum ihren Abnehmern. Ich will keineswegs behaupten, daß dabei das Publikum der Leidtragende war. Zu beanstanden war jedenfalls das Verfahren nach dem Gesetze nicht, so wenig es den Vorstellungen entsprach, die man gemeinhin von der Ausführung eines Kaufauftrags hat, und die auch das Handelsgesetzbuch bei der Zulassung des Selbsteintrittsrechts hegte.

Aber weiter! Nichts hat so dazu beigetragen, die Börse auch in der Öffentlichkeit zu diskreditieren. Denn indem die Kommissionäre, wenn auch nur in der Form der Abrechnung, ihren Kunden stets nicht als Beauftragte, sondern als Gegenkontrahenten gegenüber traten, wurde der Charakter der Wertpapierbörse als Vermittlungsstelle völlig verwischt; die Börse erschien als der Gegenspieler des Publikums, und die Erbitterung der Verlierer richtete sich daher gegen die Börse und nicht gegen die eigene Unbesonnenheit. Eine Auffassung, die den englischen und französischen Börsen gegenüber, bei denen ihre Eigenschaft als Vermittlungsstelle so sinnfällig in Erscheinung tritt, gar nicht aufkommen konnte. Es darf gesagt werden, daß auch unsere Rechtsprechung sehr stark durch diese äußere Erscheinung beeinflußt worden ist. Der den mit dem wirklichen Charakter des Geschäfts Vertrauten einfach kindlich anmutende § 764 des BGB. spiegelt diesen durch die Abrechnungsmethode des Selbsteintrittsrechts verursachten Irrtum unmittelbar wieder.

Aber es liegt schließlich auf der Hand, daß das Selbsteintrittsrecht ein absolutes Hindernis war, daß sich aus den Verhältnissen heraus ein Stand von reinen Börsenkommissionären bilden konnte, wie er den französischen und angelsächsischen Börsen den Stempel gibt, d. h. eines Standes von berufsmäßigen Börsenhändlern, die sich in zunftmäßiger Beschränkung auf die Ausführung von Börsenaufträgen für fremde Rechnung konzentrieren. Das enge Gemisch, in dem bei uns Fremdhandel und Eigenhandel sowie Eigenspekulation lagen, mußte dahin wirken, daß die Banken und Bankiers einen Versuch, sie aus der eigenen Ausführung der Börsenaufträge zu verdrängen und sie der Börse gegenüber auf die Rolle des bloßen Auftraggebers oder des Vermittlers von Aufträgen ihrer Kundschaft zu verweisen, überhaupt nicht aufkommen lassen konnten. Ein Eingriff der Gesetzgebung, wie ihn Preußen in den vierziger Jahren des vorigen Jahrhunderts im Anschluß an die Unterdrückung der Spekulation in Eisenbahnaktien plante, aber blieb aus. Im Gegenteil sanktionierte und privilegierte das Allgemeine Deutsche Handelsgesetzbuch durch die ausdrückliche Anerkennung des Selbsteintrittsrechts die Verbindung von Fremdhandel und Eigenhandel.

Nur bei den Maklern zeigen sich Ansätze zu einer zunftmäßigen Beschränkung. Hier ist die Börse bestrebt, auch die freien, nicht amtlich bestellten Makler auf die Vermittlung im Innengeschäft der Börse zu beschränken, d. h. sie sollen Aufträge von außerhalb der Börse nicht entgegennehmen, das Kommissionsgeschäft soll den Banken und Bankiers vorbehalten, die Makler ein dienendes Glied im Innern der Börse bleiben. Die herrschende Schicht in der Börse sind die Banken und Bankiers, deren Betätigung an der Börse nicht einen besonderen Teil, sondern nur einen Ausschnitt aus ihrer gesamten Betätigung darstellt.

Darum konnte ein bestimmtes, dem wahren Wesen der Wertpapierbörse entspringendes Prinzip in der Gestaltung der Berliner Börse nicht zur Wirksamkeit kommen. Wenn man hier überhaupt einen organisatorischen Gedanken finden will, so ist es der, den Banken und Bankiers bei ihrer Betätigung an der Börse kein Hindernis zu bereiten. Abwesenheit von Beschränkung bedeutet aber in Wahrheit Abwesenheit von Organisation. Darum ist die Berliner Börse zwar kein offener Markt mehr, d. h. sie ist nicht jedermann zugänglich, aber sie ist insofern ein freier Markt geblieben, als sie der herrschenden Schicht, der Bank- und Bankierwelt Großberlins, für jedes Geschäft dient, das im Rahmen ihres weiten Geschäftskreises zweckmäßig an der Börse erledigt wird. Darum mußte sie ein amorphes Gebilde bleiben, keine Korporation des öffentlichen Rechts, keine irgendwie geartete Vereinigung des privaten Rechts, sondern eine rechtlich überhaupt nicht zu qualifizierende, durch die nach Maßgabe des Börsengesetzes erlassene Börsenordnung reglementierte regelmäßige Zusammenkunft eines überaus gemischten Personenkreises.

Weil der Börse eine Organisation fehlt, die ihre Funktion als Umsatzstelle für die am Wertpapier interessierten Kreise und ihre Betätigung im Dienste dieser Kreise zum klaren Ausdrucke bringt, weil sich die Börse vielmehr in ihrer äußeren Gestaltung als Einrichtung darstellt, die schlechthin den geschäftlichen Bedürfnissen der mit dem Wertpapierhandel berufsmäßig befaßten Kreise dient, konnte man sich auch nicht für berechtigt halten, eine Beschränkung der Besucherzahl und einen Ausschluß nicht hinreichend kreditwürdiger Kreise eintreten zu lassen. Es fehlte jeder Gesichtspunkt, aus dem man unter der Herrschaft der Gewerbefreiheit irgend jemandem, der den Beruf ergriff, dessen Angehörige sich an der Börse versammeln, den Zutritt versagen konnte, es sei denn, daß Bedenken gegen seine Person vorlagen. So hat sich die Berliner Börse immer sehr viel darauf zugute getan, daß sie auch der kapitallosen Intelligenz es ermöglichte, ihr Glück an der

Börse zu machen. Hatte sie auch ihre Tore nach außen geschlossen, so prägte sich doch dieser liberale Standpunkt in den milden Zulassungsbestimmungen und deren milder Handhabung aus. Aber infolgedessen ist namentlich in der Inflationszeit die Zahl der Berliner Börsenbesucher so gewaltig angeschwollen, daß jetzt, wo der Nahrungsspielraum immer enger wird, man direkt von der Ausbildung eines Börsenproletariats sprechen kann. So finden wir an der Berliner Börse neben den Vertretern unserer mächtigen Banken und der Bankhäuser von Weltruf alle Abstufungen bis hinunter zum Händler kleinsten Formats und dem kleinen Pfuschmakler, der nur mit einem Taschenbuch, einem Bleistift und einer starken Stimme ausgestattet zur Börse kommt und froh ist, mit einem Verdienst von 10 RM. für einen ihm aus Mitleid zugewandten Auftrag fortgehen zu können.

Ich habe hier kein Werturteil abgeben wollen, insbesondere möchte ich es ganz dahingestellt sein lassen, ob das Publikum unter den deutschen Verhältnissen besser fährt als unter den ausländischen. Sicher ist wohl, daß der einzelne in Deutschland billiger bedient wird, wenn man nur auf die berechneten Kosten sieht. Ob aber auch das Publikum im ganzen per saldo günstiger fährt, das ist eine Frage, über die man nur Vermutungen hegen kann. Ich wollte nur zeigen, wie stark sich die Verschiedenheit in den Geschäftsauffassungen und der diese widerspiegelnden Gesetzgebung auch in der Struktur der dem Handel dienenden Einrichtungen ausprägt.

Die Organisation der Börsen beruht also nicht auf Zufälligkeiten oder Willkürlichkeiten, sondern auf inneren Gründen. Die verschiedene Organisation der Börse hat aber wiederum ihren deutlichen Einfluß auf Gesetzgebung und auch auf Rechtsprechung geübt. So war das französische Terminhandelsgesetz von 1885, das dem Terminhandel völlige Rechtssicherheit gewährte, das unerläßliche Korrelat zu der Struktur der französischen Börse. Die Konzentration des Geschäfts bei den 70 Agents de change wurde eine Unmöglichkeit, wenn das Geschäft zwischen Auftraggeber und Agent nicht völlige Rechtssicherheit genoß. Es läßt sich auch zeigen, daß die englische Rechtsprechung, die dem Geschäft, das durch die Börse läuft, im Verhältnis zwischen Broker und Kunden gleichfalls Rechtssicherheit gewährt, eben auf dem deutlich ausgeprägten bloßen Vermittlungscharakter der Börse beruht; der bloße Vermittler spielt nicht mit seinem Auftraggeber. Anderseits habe ich schon darauf hingewiesen, daß die äußere Erscheinung der deutschen Börse auch in der Gesetzgebung ihre Spuren hinterlassen hat. Ich möchte aber jetzt noch auf einen anderen hiermit zusammenhängenden Gesichtspunkt kommen.

Es ist wohl nicht zuviel gesagt, daß die Struktur unserer Wertpapierbörsen, die ihre eigentliche Funktion im Wirtschaftsleben verhüllt, und sie als eine vom Publikum isolierte Einrichtung für die Bankwelt erscheinen läßt, auch Anlaß gegeben hat zu recht unzutreffenden Vorstellungen, die sich in Bildern ausdrücken, wie „Gehirn der Volkswirtschaft“ oder „Barometer der Volkswirtschaft, das alle Schwankungen des Wirtschaftslebens untrüglich registriert“. Mit solchen Bildern, die sich auch in wissenschaftlichen Werken finden, fördert man das Verständnis nicht. Der Versicherung, die ich in einer wissenschaftlichen Arbeit aus neuerer Zeit las, daß auch an der Börse mit Wasser gekocht wird, sollte es für denjenigen, der sich über das wirkliche Wesen der Börse klar ist, nicht bedürfen.

Um im Bilde des Barometers zu bleiben, so soll der Barometerstand angezeigt werden durch den Kurszettel, der die einzelnen Kurse des Börsentages verzeichnet, und aus deren Bewegung nach oben oder nach unten sollen dann die Konjunkturschwankungen abgelesen werden. Ist eine Hebung der Konjunktur in Aussicht, so sollen die Kurse der Industriewerte sich heben, da aber eine neue Wirtschaftskonjunktur in der Regel mit neuen Ansprüchen an den Kapitalmarkt herantritt und den Zinsfuß steigert, sollen die Kurse der festverzinslichen Werte fallen.

Es ist aber eine durchaus irreführende Ausdrucksweise, wenn man von einer „Bewertung“ der Wertpapiere durch die Börse spricht. Es sitzen an der Börse nicht weise Männer, die eine Bewertung der Wertpapiere nach irgendeinem Maßstabe vornehmen könnten. Die Börse ist eine der wenigen Einrichtungen, die noch keinen Beirat haben. Jeder Börsenkurs, der den Namen verdient, ist ein Preis, der bei einem an der Börse abgeschlossenen Geschäft wirklich vereinbart worden ist oder zu dem wenigstens unbefriedigtes Angebot oder unbefriedigte Nachfrage am Börsentage vorlag. Auch der sogenannte Berliner Einheitskurs ist kein Durchschnittspreis, sondern derjenige Preis, der in einem eigenartig reglementierten Handel sämtlichen an dem Börsentage abgeschlossenen Käufen und Verkäufen in dem einzelnen Wertpapier zugrunde liegt. Anders liegt es bei den Warenbörsen. Auf wirklich gehandelte Preise beschränken sich hier die Notierungen nur im Terminhandel. Im übrigen sind die Notierungen der Warenbörsen in der Tat nur in Ziffern ausgedrückte Schätzungen, die die Auffassung der notierenden Stelle von der Marktlage wiedergeben. Es sind nur Marktnotierungen, nicht Börsennotizen, wie ja auch insoweit die Warenbörsen nur als einfache Großhandelsmärkte funktionieren.

Wie jeder Preis wird auch der Börsenpreis durch Angebot und Nachfrage bestimmt. Dringende Nachfrage bringt höhere Preise, Angebot, das nur schwer Käufer findet, senkt den Preis. Ich sehe hier von den Kursen ab, die einfach mehr oder weniger willkürlich gemacht werden können. Sonst aber ist die Preisbildung abhängig von den

Mächten, die Angebot und Nachfrage hervorrufen, und wenn wir jetzt von diesen Mächten in ihrer Wirkung auf die Börse sprechen, so sehen wir wieder die Börse vor uns, nicht als selbständiges Wesen, das sie äußerlich zu sein scheint; wir haben nicht nur zu denken an die Vertreter von Banken und Bankiers, die Makler und gewerbsmäßigen Spekulanten, die wir dort versammelt sehen, und die für fremde oder eigene Rechnung Geschäfte machen, sondern wir haben sie uns vorzustellen als Einheit mit ihrem ganzen mächtigen Hinterland dem an Wertpapierbesitz interessierten großen Publikum, sei es, daß es Anlage für seine Gelder sucht, sei es, daß es in Wertpapieren angelegtes Geld durch Verkäufe freizumachen sucht, sei es, daß es sich mehr oder weniger spekulativ betätigt. Dieses große Hinterland ist die eigentliche Großmacht an der Börse. Die paar Tausend Börsenbesucher sind in ihrer Betätigung von ihr ganz und gar abhängig. Endgültig gibt immer die Tendenz, der das Publikum folgt, den Ausschlag an der Börse. Die berufsmäßige Spekulation innerhalb der Börse selbst kann zwar versuchen, eine Bewegung zu inszenieren, indem sie zu Käufen und Verkäufen schreitet, um durch die Bewegung der Kurse dem Publikum Signale zu geben. Diese Vorgänge werden meist begleitet durch überaus weise Gespräche, die von den Zeitungen dann treulich berichtet werden. Wenn die Börse Geschäft hat, hat sie keine Zeit für solche Gespräche. Sie sind das sicherste Zeichen der Stagnation. Aber da die Spekulation an der Börse von Bewegungen lebt, ist ein solcher Zustand erzwungener Untätigkeit für sie unerträglich, sie ist daher ständig auf der Suche nach Anregung. So haben wir in den letzten Monaten oft gelesen, daß die Börsenbesucher den oder jenen Vorgang sympathisch begrüßten und in Erwartung seiner günstigen Wirkung zu Käufen schritten, die Kurse leicht nach oben tendierten und die Börse ein freundlicheres Ansehen hatte. Aber solche Bemühungen verpuffen in der Luft wie die Stöße eines Motors, der nicht mit dem Triebrade gekuppelt ist, wenn das Publikum ihm keine Gefolgschaft leistet und sich zurückhaltend verhält. Nicht sehr geschmackvoll, aber sehr treffend sagt ein Börsenwitzwort, daß kein Restaurant auf die Dauer bestehen kann, in dem nur die Kellner miteinander Billard spielen. Alles was die engeren Börsenkreise unter sich arrangieren, bleibt ein leichtes Wellengekräusel auf der Oberfläche eines stagnierenden Wassers. Erst wenn sich die mächtige Grundwelle des Publikums in Bewegung setzt oder zurückrollt, entstehen jene großen Flut- und Ebbeerscheinungen, die man als Börsenhochkonjunkturen und als Börsenkrisen bezeichnet.

Es ist mit Recht gesagt worden, daß die letzte Ursache jedes Aufschwunges etwas Seelisches ist. Dieses Seelische ist die Spekulationslust des Volkes, die wir als gegeben nun einmal hinzunehmen haben. Das Publikum betätigt sich an der Börse spekulativ in der verschiedensten Weise. Vom Anlagekauf mit Aussicht auf Kursgewinn bis zur reinen Spekulation, für die ihr Gegenstand keinen Gegenstandswert mehr hat, die in ihrem Gegenstand nur noch das Objekt bevorstehender Preisveränderungen sieht, die sie rechtzeitig auszunutzen sucht.

Ihren verblüffendsten Ausdruck hat diese reine Spekulation in jenem Tulpenzwiebelwahn gefunden, der in den Jahren 1634—1636, also während in Deutschland noch der Dreißigjährige Krieg tobte, ganz Holland und auch weite Kreise des Auslandes in Atem hielt. Der interessanteste, weil bezeichnendste Vorgang aus der Geschichte der reinen Spekulation. Es begann sich damals eine solche Liebhaberei für die erst kürzlich aus dem Ausland importierten Blumen zu entwickeln, daß die nur in begrenzten Mengen vorhandenen Zwiebeln — sie wurden in Holland damals noch nicht gezüchtet — immer teurer bezahlt wurden. Und nun wurden die Zwiebeln aus Objekten der Liebhaberei zu Objekten einer wie es schien unbegrenzten Preissteigerung, zu Objekten einer in weiteste Kreise auch des Auslandes dringenden Spekulation. Als Tulpenzwiebelbörsen dienten Gasthäuser, es bildeten sich bestimmte, ganz börsenmäßige Geschäftsgebräuche aus. Jeder hoffte, daß die Zwiebeln, die er schon zu einem Phantasiepreise erstanden hatte, bald von einem folgenden Käufer zu einem gesteigerten Preis übernommen werden würden. Einzelne Stücke der Sorte Semper Augustus, die man noch heute aus Holland beziehen kann, wurden bis zu 500 Gulden bezahlt. Die Hoffnung auf den nächsten Käufer, der mehr zahlen würde, ließ keinen Preis mehr zu hoch erscheinen. Holland rechnete darauf, daß der letzte Käufer das Ausland sein würde, und daß es mit Hilfe dieser Zwiebeln die Schätze der ganzen Welt an sich ziehen würde. Bis eines Tages kam, was kommen mußte, weitere Kreise in den Taumel nicht mehr hineingezogen werden konnten, die neuen Käufer, auf die man gerechnet hatte, ausblieben, der Irrtum der Massensuggestion das Band der Augen losließ, man plötzlich erkannte, daß man für wertlose Zwiebeln sinnlose Preise gezahlt hatte und nun mit einemmal das ganze Phantasiegebäude krachend zusammenbrach und die letzten Käufer unter sich begrub.

Aber seither ist doch Holland das Land der Tulpenzwiebel geblieben, die ihm zwar nicht die Reichtümer der Welt zuführt, aber doch als großer Exportartikel einen bedeutenden Nutzen bringt. „C'est l'excès qui amène le nécessaire“ (Zola, L'Argent).

Dieser uns so hirnverbrannt erscheinende Tanz um das goldene Kalb ist deshalb so lehrreich, weil er das Wesen der reinen Spekulation völlig enthüllt. Denn in der äußersten Übertreibung zeigt sich das Wesen der Dinge am klarsten. Nämlich das Wesen der reinen Spekulation als Spekulation auf den nächsten Käufer, der einen höheren Preis zahlen soll. Solange diese Hoffnung besteht, ist kein Einsatz zu hoch, es kommt ja schließlich nur auf die Differenz zwischen Einkaufspreis und Verkaufspreis an.

Von einer „Bewertung" des Objekts selbst durch die Spekulation ist keine Rede. Was sie abschätzt, ist allein die Aussicht auf den nächsten Käufer, der einen höheren Preis zahlt. So erklärt es sich auch, warum Aktien, die noch vor kurzem ständig stiegen, wenig später kaum zur Hälfte des damaligen Preises los zu werden sind. Ihr „Wert" oder, wie man sagt, ihr „innerer Wert" hat sich gewiß nicht in ein paar Wochen geändert. Aber die Phantasie als Anregerin der Nachfrage ist aus ihnen verschwunden. Die Börse denkt kurzfristig und kann nur kurzfristig denken. Der Kurszettel gibt immer nur ein Momentbild: so äußerten sich heute Angebot und Nachfrage. Aber schon morgen kann ein Ereignis innerhalb oder außerhalb der Börse dieses Bild in Fetzen reißen.

Wie entsteht nun eine Stimmung, die das Publikum zur Börse treibt, eine Börsenkonjunktur mit ihren großen Kurssteigerungen hervorruft? Ich habe, was Industrieaktien anbetrifft, die Erfahrung gemacht, daß es sehr darauf ankommt, ob die Industrie, um deren Werte es sich handelt, inmitten einer wohlhabenden, spekulativ veranlagten Bevölkerung liegt oder nicht. Ersterenfalls werden alle Vorgänge in der Industrie von dem börsenlustigen Publikum auf das aufmerksamste beobachtet. Der eine hat einen Bekannten in diesem, der andere in jenem Werke, der eine hört das, der andere jenes, was ihn aufmerken läßt. Aus tausend Quellen bildet sich allmählich ein Bächlein des wiederkehrenden Vertrauens, daß es nach langer Winterzeit doch wieder einmal Frühling werden muß. Allmählich verbreitert sich dieses Bächlein; denn auch Vertrauen wirkt suggestiv. Die ersten Aufträge gehen durch Vermittlung der örtlichen Bankiers an die Börse. Die in der Börse selbst tätigen Spekulanten, mögen sie sich nun Bankiers oder Makler nennen, werden aufmerksam. Denn an der Börse sieht einer dem anderen scharf auf die Finger. Die Börse weiß ganz genau, welche an ihr tätigen Bankhäuser ihre Aufträge aus dem Industriegebiet bekommen und wessen Kundschaft im allgemeinen gut orientiert ist. Die berufsmäßige Spekulation fängt also an mitzugehen, die steigenden Kurse machen das übrige Publikum aufmerksam, das nun auch anfängt zu kaufen, das erwachende Vertrauen überträgt sich auf andere Marktgebiete und so kann plötzlich eine Börsenkonjunktur einsetzen, wenn für die Industrie selbst eine Besserung der wirtschaftlichen Konjunktur noch kaum spürbar ist. Da die Börsenspekulation aus Kursveränderungen Geld verdienen will, muß sie danach streben, möglichst frühzeitig ihre Position zu beziehen, d. h. wenn es sich um eine aufsteigende Bewegung handelt, schon Käufer zu sein, ehe die Bewegung sich stärker bemerkbar macht. Daher kommt es, daß die Börsenkonjunktur nicht nur früher einsetzt als die Wirtschaftskonjunktur, sondern auch früher zum Stehen kommt wie diese, weil sie ihre Chancen auch früher ausschöpft. Es ist ganz richtig, daß die Börse mit tausend Augen sieht und mit tausend Ohren hört. Das sind die vielen tausend Augen und Ohren aller der börsenlustigen Leute draußen im Lande und die tausend Augen und tausend Ohren der berufsmäßigen Spekulation an der Börse selbst, die das, was die draußen sehen und hören, zu erfahren und auch für sich auszunutzen streben.

Aber ob die Börse mit ihrem Hinterland richtig sieht, das ist stets noch eine Frage für sich. Ich habe anderseits die Erfahrung gemacht, daß die Börsenmeinung auch im dunklen tappen und sich recht irren kann. Diese Beobachtung habe ich namentlich bei den Aktien der damals noch zu Preußen gehörigen großen oberschlesischen Werke machen können. Oberschlesien mit seinen reichen durch Preußen erschlossenen, jetzt uns entrissenen Bodenschätzen hatte eine arme, spekulativ wenig interessierte Bevölkerung. Im Jahre 1909 nun setzte die Börsenspekulation, nachdem sie die Kurse der rheinisch-westfälischen Werke stark gesteigert hatte, kritiklos die oberschlesischen Werte, die sie für „zurückgeblieben" hielt, in die Höhe. Gerade damals rief uns ein Notschrei der oberschlesischen Industrie nach Oberschlesien, wo allerdings nicht gerade Erfreuliches festzustellen war. Am Tage nach meiner Rückkehr sah ich an der Börse einen mir bekannten Großspekulanten, wie sie unter der Firma Makler damals noch an der Berliner Börse tätig waren, der alles, was an oberschlesischen Industrieaktien angeboten wurde, zu steigenden Kursen aus dem Markte nahm. Als ich ihn nachher fragte, was er sich angesichts der Lage der oberschlesischen Industrie eigentlich dabei dächte, bekam ich die sehr drastische Antwort: „Ach was, wenn ich auf sie hören wollte, wäre ich pleite zwischen Medio und Ultimo. Sie wissen zu viel. Es kommt nicht darauf an, was ist, sondern was das Publikum tun wird. Sie sollen sehen, das kauft jetzt oberschlesische Aktien." So kam es auch. Als dann aber die Jahresabschlüsse herauskamen, konnte man sehen, daß zu einer Steigerung der Kurse wirklich kein Anlaß gewesen war. Es kommt eben an der Börse in der Tat nicht darauf an, was ist, noch weniger, was in einiger Zeit sein wird, sondern was das Publikum tun wird. An der Börse kann man es oft genug hören: „Das Wissen ist der Tod."

Man mag die Börse das Gehirn der Volkswirtschaft nennen, weil eben hier das starke Interesse, frühzeitig zu erfahren, alle Nachrichten zusammenzieht. Aber wenn man das Gehirn auch als diejenige Stelle ansieht, in der sich jene Vorgänge vollziehen, die man Denken nennt, so hinkt der Vergleich. Die Börsenbewegungen reflektieren gar oft nur Stimmungen. Ob die Hoffnungen und Befürchtungen, die solche Stimmungen zeitigen, sich realisieren, das mag die Zukunft zeigen. Für heute ist es der Spekulation einerlei.

Nun aber noch ein wichtiges Moment. Um wieder zu dem Bilde des Barometers der Volkswirtschaft zurückzukehren, so hat dieses vermeintlich so untrügliche Instrument die fatale Eigenschaft, nicht nur auf die äußeren Luftdruckschwankungen zu reagieren, sondern auch sehr stark durch die Verhältnisse in seinem Innern beeinflußt zu werden. Manchmal bricht dort eine Feder und die Nadel zeigt ein Minimum an, wenn alle sonstigen Anzeichen auf kommendes herrliches Wetter deuten. So z. B. haben die Schwierigkeiten, in die die Erben eines berühmten Großindustriellen gerieten, die Börse lange Zeit unter Druck gehalten, weil man mit dem Verkauf großer Pakete von Aktien rechnen mußte und die Märkte ein so großes Angebot nur unter starkem Kursdruck aufnehmen konnten. Aber das wichtigste Moment ist wohl folgendes. Wie überall im Wirtschaftsleben spielt der Kredit auch für die Spekulation des Publikums und der engeren Börsenkreise eine große Rolle. Nicht die Hälfte von dem, was in der Wirtschaft geleistet worden ist, hätte geleistet werden können, wenn der Unternehmer nur auf sein eigenes Kapital angewiesen gewesen wäre. Die Börsenspekulation lebt insbesondere von kurzfristig verfügbaren Geldern, die an der Börse zusammenströmen, um sich gegen höheren Zins als er sonst zu erhalten wäre, der Spekulation zur Verfügung zu stellen. Früher war es insbesondere die Kgl. Seehandlung, Preußische Staatsbank, die die am Vierteljahrsbeginn eingegangenen Steuergelder einstweilen bis zur etatsmäßigen Verwendung der Spekulation zur Verfügung stellte. Auf eine Einschränkung des Kreditvolumens reagiert die Börse prompt mit Kurssenkungen, weil diese Einschränkungen zahlreiche Interessenten nötigen, die mit Hilfe des nun gekündigten Kredits eingegangenen Positionen zu liquidieren, um die Kredite zurückzahlen zu können. So war der berüchtigte schwarze Freitag des Jahres 1927, mit dem die letzte große Börsenkonjunktur ihren schroffen Abschluß fand, die Folge der Ankündigung einer Kreditrestriktion seitens der Banken, womit diese einer Anforderung des Reichsbankpräsidenten zu entsprechen glaubten. Im Jahre 1895 trat bei vollständiger politischer Ruhe und bei offensichtlich ansteigender Konjunktur, die wie sich später herausstellte, noch fünf Jahre von ihrem Höhepunkt entfernt war, eine plötzliche schwere Börsenkrise, d. h. ein gewaltiger Kurssturz ein. Werden die Vorgänge auf ihre einfachsten Linien zurückgeführt, so handelte es sich um folgendes. Der Schuldige war Wien. Der Wiener Platz war damals einer der unsolidesten Plätze der Welt, weil das Hinterland dieser Börse zu einen großen Teil aus wenig bemitteltem Publikum bestand, das sich gern an der Börse engagierte, dem aber auch sehr rasch der Atem, d. h. die Mittel ausgingen, wenn die Sache schief zu laufen begann und die Kommissionäre Nachschüsse auf die für Rechnung des Publikums auf Kredit angeschafften Werte fordern mußten, weil der Kurswert den gewährten Kredit nicht mehr voll deckte.

In Wien trat infolge irgendwelcher Umstände ein momentaner Rückschlag in der freudigen Aufwärtsbewegung ein. Die Kommissionäre forderten Nachschüsse, ein Teil der Spekulation konnte diese nicht leisten, die für seine Rechnung angeschafften Effekten wurden verkauft, durch die Verkäufe verschärfte sich der Kursdruck, der nun weitere Spekulanten aus ihren Positionen warf, andere Spekulanten wurden ängstlich und suchten durch rechtzeitige Verkäufe ihren Kopf aus der Schlinge zu ziehen, die sich zusammenzuziehen drohte, so verschärfte sich der Druck auf die Kurse immer mehr, die Lawine kam ins Rollen, und eines schönen Tages war die schwere Börsenkrise da, lediglich infolge der inneren Verhältnisse der Spekulation. In Wien waren nun auch deutsche Kreise ziemlich stark beteiligt, vor allem hatten sich Wiener Kreise auch in Berlin engagiert, diese konnten nun infolge der Verluste, die sie in Wien erlitten, ihre Berliner Engagements nicht halten und ihre überstürzten Verkäufe warfen nun auch hier die Kurse und brachten auch hier die Lawine ins Rollen.

Erwähnen möchte ich noch, daß der Einfluß der Newyorker Börse auf die Berliner Börse, der vor dem Kriege zuzeiten so stark war, daß der Verlauf der letzten Newyorker Börse das Wetter an der Berliner Börse stark beeinflußte, nicht auf tiefen wirtschaftlichen Zusammenhängen beruhte. Es wurde damals nur ein Papier gleichzeitig in Newyork und in Berlin spekulativ gehandelt, nämlich das damalige Spielpapier der Welt, die Shares der großen Eisenbahn-, Land- und Schiffahrtsgesellschaft, der Canadian Railway Company. Der Grund war vielmehr, daß ein großer Teil des Publikums, das in Berlin spekulierte, auch in Newyork engagiert war und Verluste drüben es nötigten, seine Engagements in Berlin einzuschränken, und umgekehrt glückliche Operationen jenseits des großen Teichs es auch in Berlin unternehmungslustiger machten.

Aber wenn man sich das nun alles klar macht und es ist so einfach und selbstverständlich für den, der die Dinge jahrlang mit angesehen hat, so liest man doch mit einigem Befremden bei einem großen Nationalökonomen die Worte: „Die Börsenmeinung ist die Destillation der Geschäftskenntnisse aller leitenden und wirtschaftenden Persönlichkeiten.“ Demgegenüber wiederhole ich: Die Börsenmeinung, wie sie sich in der Kursbewegung ausdrückt, ist das Ergebnis von Angebot und Nachfrage. Angebot und Nachfrage können durch die verschiedensten Momente beeinflußt werden. Sie können verständiger und ruhiger Beurteilung der Dinge entspringen, es kann sich aber auch das heiße Fieber der Spekulation oder kalter Schrecken der Massen bemächtigen und alles über den Haufen rennen. Von den leitenden und wirtschaftenden Persönlichkeiten könnte die Börsenmeinung nur beeinflußt werden, wenn diese sich selbst in starkem Umfange am Geschäft durch Käufe oder Verkäufe beteiligten. Aber die leitenden und wirtschaftenden Persönlichkeiten wissen sehr wohl, wie wenig sie gegen die öffentliche Meinung ausrichten können und daß, falls sie sich überhaupt dazu verstehen würden, ihre Kenntnisse spekulativ auszunützen, dies nur durch Ausnutzung der Tendenzen, denen das Publikum folgt, möglich ist, ohne Geld einzubüßen. Sie können die öffentliche Meinung nicht machen, sondern sie nur verwerten. Niemand aber wird in der öffentlichen Meinung der Weisheit letzten Schluß erblicken.

Um nun meine Vorträge nicht mit einem von mir nicht beabsichtigten Eindruck zu schließen, möchte ich mich nicht minder bestimmt gegen das Eingangs zitierte Wort vom „Giftbaum" Börse wenden. Wenn man die Spekulationslust des Volkes oder sagen wir ganz ruhig den Spieltrieb, der sich gewiß nicht allein an der Börse, aber auch an der Börse betätigt, als ein Gift ansehen will, so hat die Börse nicht die volkswirtschaftliche „Aufgabe", aber die tatsächliche volkswirtschaftliche Funktion, diesen Spieltrieb für den Aufbau der Volkswirtschaft durch Heranziehung des Kapitals und soweit die Entwicklung der Wirtschaft der Kapitalbildung vorauseilt, durch einstweilige Unterbringung der Werte durch die mit Leihgeld arbeitende Spekulation zu ermöglichen und so dafür zu sorgen, daß die Bedürfnisse der Wirtschaft sofort befriedigt werden können.

„C'est l'excès qui amène le nécessaire."

Sie zu unterbinden, wäre ein aussichtsloses und verfehltes Unternehmen, nur das kann als erreichbares Ziel erscheinen, auf ein Maßhalten hinzuwirken. In diesem Sinne sind die Vorschriften des Börsengesetzes zu verstehen.

Ob unsere deutschen Börsen noch einmal in die Lage kommen werden, diese große und wichtige Funktion zu leisten, wir wissen es nicht, aber wir wollen und wir müssen es hoffen. Denn ohne einen unerschütterlichen, durch einen kraftvollen Pessimismus gestählten Optimismus wird die deutsche Wirtschaft ihre ungeheure Aufgabe, die deutschen Tribute zu tragen und gleichzeitig wieder der zuverlässige Ernährer des Volkes zu werden, nicht erfüllen können.

Buchdruckerei Otto Regel G. m. b. H., Leipzig

GPSR Compliance

The European Union's (EU) General Product Safety Regulation (GPSR) is a set of rules that requires consumer products to be safe and our obligations to ensure this.

If you have any concerns about our products, you can contact us on ProductSafety@springernature.com

In case Publisher is established outside the EU, the EU authorized representative is:

Springer Nature Customer Service Center GmbH
Europaplatz 3
69115 Heidelberg, Germany

Batch number: 10844655

Printed by Printforce, the Netherlands